Un dernier (vers) pour la route

Un dernier petit vers pour la route
J'ai trinqué tant de bouts de vie
Mes verres à moitié vides
Les autres beaucoup trop pleins
Aujourd'hui je m'en vais ivre
La part des anges en poésie

Jean-François JABAUDON

Merci aux lecteurs qui on eut la gentillesse de m'avoir accompagné durant toutes ces années. Cet opuscule sera le dernier.

La poésie mène à tout : aux autres, à soi-même, à la vie

Textes, chansons, poésie. Une quête que l'on respire sans répit.

Mais il est temps de se tourner vers d'autres défis que la langue française nous offre.

Rendez-vous donc à bientôt pour d'autres écrits.

L'assoupie

Les sommets ne dorment pas
Ils nous protègent des nuits
Des silences qui pèsent
Sur la froideur des jours

Les sommets ne se plient pas
A la rigueur des nuits
Ils gèlent en silence
A la faveur du soir

Alors j'ai confiance
La pente si douce
Des rêves d'amour
D'écho qui résonnent
Je dors

Les sommets le savent bien
Pour être les plus hauts
Culminer en douceur
Pour être les plus beaux

Les sommets sont mes amis
Je leur raconte ma vie
A la bonne altitude
Ils me gracient d'oubli

Alors j'ai confiance
Les ombres des parois
Protègent mes soleils
Du monde qui brûle

Je dors

L'anche et le roseau.   *A Serge*

La musique gagne au son
De celui qui sait souffler le vent
Vibrer le roseau entre ses lèvres pures
Il était musicien la mélodie des yeux fermés
Celle qui fait briller les étoiles
Le son du saxo tout en années- lumière
Si loin dans les cœurs
Que l'écho s'emprisonne
Pour l'éternité

Le saxophoniste se déhanche
Au rythme de l'anche qui jazze
Il a pris la plus belle
Tout au fond de sa petite boite
Qu'il garde au fond de sa mémoire
Les yeux dans le vague
La musique sur la vague
Il est un autre
Que soudain il devient à nos yeux

Le son nasillard de l'alto
Résonne dans la pipe en laiton
Il s'accouple au rythme chaloupé
Des danseurs sur la piste tamisée
Le son est de bois patiné
La muse enlace les mesures
Ses ballerines en rondes
Qui agrippent le temps
En croches de secondes

Solstice d'hiver nuit blanche de neige
Le tréfouet s'allume et s'invite à la fête

Le seigneur nous a promis une souche de bois.
Une magnifique Cosse Nau pour ces trois jours d'avant Noël, cette célébration de
tréfouet, les trois feux.
Sous le bois crépitant, la vieille dame de nos aïeux pourra nous conter les légendes du
Berry.
Elle aura à cœur de nous faire soupirer. La mélancolie s'installe. Ce n'est pas la
fumée qui fait nous fait piquer les yeux. Ces histoires de vraies fictions qui touchent
nos racines.
De temps à temps, le souvenir s'allume et fait jaillir des flots d'étincelles avec la pelle
à feu.
Elle attise le futur avec cette comptine mélodique :
« Bonne année, bonnes récoltes, autant de gerbes et de gerbillons »
Comme chaque année, quelques miséreux sont venus trouvés quelque abri et pitance
à partager.
De la chaleur humaine, celle du foyer.
La porte reste ouverte aux âmes qui se perdent.
Les libations et les victuailles s'agitent autour de la petite communauté.
Je m'en souviens, parce que j'ai envie d'avoir connu cette époque. Le froid et la faim
peuvent donner un sens à la joie. Plus que l'abondance.
A la dernière heure du jour, le père laissait le feu s'éteindre. Chacun se dirigeait vers
l'église pour allumer les brandons qui brûlaient du feu de Jésus.
Monsieur le curé a béni. C'est important de bénir.
Ça sert à croire en quelque chose. Puis la campagne buissonnière des champs qui
ramenait à la maison.
J'aimais bien cette douce chaleur sur mes doigts qui combattait l'onglée.
Le feu béni, exorcisé de tous les diables de l'enfer, était jeté sur les tisons de la cosse
Nau de l'année dernière. Le tréfouet de l'année viendrait prendre position dans
l'âtre.

Et puis, les prières, les incantations pour célébrer ce renouveau des âmes. Les coutumes, les croyances.

Le feu, comme la vie, qui renait.

Minuit, c'était l'heure de la cosse de Nau.

Souche abattue de chêne vert vierge d'élagage, elle arrivait, tirée par Rebrousse Poil, notre cheval.

Longue de près de trois mètres et d'un mètre de diamètre, son poids faisait hennir de douleur notre brave baudet.

Mon père avait prévu un chenet d'une pièce d'un côté et l'autre en deux parties, spécialement conçus pour accueillir la cosse.

Puis, c'était mon instant préféré. Mon père mettait le feu à la cosse, curieusement attisé d'eau bénite. Sans doute un pouvoir surnaturel de Dieu supérieur à celui des allumettes de l'enfer.

Tous les enfants devaient se positionner face contre mur, en priant. Moi, je priais pour que l'orange n'ait pas de pépins !

Maman et grand-mère étalaient alors les présents aux extrémités de la cosse.

Toujours en secret.

C'est l'heure : la messe de minuit. Je n'aime pas sortir la nuit, même si j'aime bien chanter à l'église.

Mon frère pleure. On le menace d'aller « à la messe du cossin blanc » c'est-à-dire au lit.

Il se calme, met ses galoches et son manteau. Tous les hommes de la maison, mon père, ma mon frère, mon parrain et mon grand-père se dirigent vers l'église.

Les femmes restent au foyer pour préparer le repas : la soupe, la saucisse, le fromage. La dame de nos aïeux en détient le pouvoir et la recette.

J'ai faim. Je n'ai rien mangé depuis midi : nous devons nous présenter à jeun pour communier. L'hostie en amuse-gueule.

Je chante le divine enfant qui vivait dans les bois du haut : je n'y comprends pas grand-chose

Le froid pique. La lueur tremblante des cierges n'y fait rien. Nous rentrons.

Surtout ne pas passer par l'étable, les bœufs vont parler cette nuit. Le Diable est peut-être déjà dans la place.

A la sortie de l'église, quelques pauvres gens nous chantent les refrains du passé.

Mon père leur donne quelques pièces de cornaboeuf qui, trempés dans la soupe, leur serviront à améliorer le quotidien.

Nous retrouvons la chaleur de la cosse en devinant les cadeaux cachés dans l'ombre de la pièce.

La mère s'est occupée du feu et il fait doux. La cosse brûlera trois jours.

Puis on conservera les débris de la cosse sous le lit de mes parents. Ils protégerons la famille et la maison contre le mauvais œil.

Quand le tonnerre grondera, le père s'en servira pour les jeter dans le feu de la cheminée. Ainsi, tous seront protégés contre « le feu du temps », c'est-à-dire la foudre.

Marraine a apporté des Naulet. Ces gateaux sont rigolos. Ils agitent leurs bras, leurs jambes. Des pois pour les yeux. Jésus en écolier.

Le repas se prolonge tard dans la nuit, au coin du feu.

La dame des aïeux nous offrira quelques comptines des siècles d'autrefois, qui disparaitrons avec son temps.

Puis, le temps de finir la nuit qui s'assoupit et nous ferme les yeux. Le lit froid et la brique chaude.

La bassinoire avec les cendres de la cosse.

L'aurore du jour de Noël perce à travers les volets de bois. Vite je me précipite. La magie de ce jour m'inocule un état d'excitation inégalable.

A l'extrémité de la cosse de Nau encore rouge de plaisir, enveloppé dans une vieille toile de jute, tout de bois vêtu, le pimpant camion que mon oncle m'a construit. Bleu et vert, avec un taquet pour monter et descendre la benne. Au volant, un pantin de bois qui cliquète de ses genoux dégingandés.

Quelques chocolats accompagnent ce somptueux cadeaux.

Je garderai ce présent toute ma vie, c'est un peu ça la magie du « tréfouet »

Des réalités qui s'estompent pour nous ramener à l'essentiel : le rêve

Tous les ans, ce rituel revient, immuable, essentiel.

Si par malheur un jour il venait à disparaitre, ce sont des siècles de croyances, de chaleur humaine et d'histoire qui seraient jetés dans l'oubli.

Et que dire de la damnation de leurs âmes ?

La fin des temps

J'ai fait le tour de la maison
Le jardin dessinait ses sillons
Quelques herbes dans le vent
Donnaient illusion de la vie

J'ai regardé vers l'horizon
Plus de nuages plus de saisons
Le ciel dessinait en mauve
Le papier peint des grands espaces

Une dernière pensée pour toi
Partie trop longtemps avant moi
Le temps des larmes était tari
Dans le puits noir de ma tristesse

Les bruits aussi s'étaient enfuis
Ne plus rien entendre est le pire
Pas d'oiseau lyre plus de soupirs
Même plus s'entendre respirer

Dernier regard vers nulle part
Que l'on fixe dans la mémoire
Pour ne plus jamais oublier
Qu'ici les hommes se sont aimés

J'ai éteint la lumière du ciel
        Avant de sortir le dernier

La Gouache

Elle offrait des couleurs aux paysages
La nature morte revivait
Elle mélangeait l'eau l'espace et le temps
Comme l'enfant son château de sable

Elle caressait de son grain de folie
Les lueurs des soleils levants
Elle déroulait la toile des horizons
Jusqu'à en peindre la raison

On l'appelait « La Gouache »
Elle peignait les pinceaux à poil

Pour ne pas amuser la galerie
Elle exposait ses papiers peints
Sur les murs vierges des amours de jeunesse
Elle cherchait la grande passion

Elle savait le solfège des couleurs
Vert rouge bleu jaune blanc noir gris rose
Sur la portée des demis tons
La gamme chromatique en fusion

On l'appelait « La Gouache »
Elle peignait les pinceaux à poil

Elle abreuvait ses arcs en ciel d'eau
Et mélangeait la terre au feu
Les sources naissaient ainsi de verdure
Et elle buvait l'eau de la vie

Elle n'a jamais encadré de prison
Toutes les couleurs de la vie
Elles se baladent libres aux yeux de tous
 Elle a décroché des tableaux

On l'appelait « La Gouache »
Elle peignait les pinceaux à poil

A Muriel

LA POESIE

La poésie ça n'existe pas
Y'a pas assez de mots
Y sont pas assez beaux
Pour traduire les jours
Pour rêver chaque nuit

La poésie ça n'existe pas
On n'écrira jamais
Aimer sa p'tite Pépée
Sur l'épaule de la vie
La blessure ça vous mord

La poésie ça n'existe pas
Essayez de lui dire
Avec des entournures
Que vous l'aimez soudain
En un seul coup de foudre

Non la poésie ça n'existe pas
C'est fait pour ceux qui essaient
De dire ces choses là
Raconter la nature ?
On se tait on l'apprend

La poésie ça n'existe pas
C'est mieux qu'ouvrir sa gueule
Mais ça ne suffit pas
Les choses de la vie
Ça se vit ça se vit

La poésie ça n'existe pas
Le jour où je l'ai rencontrée
Je crois bien que j'étais gamin
Je n'avais que des mots
J'y ai enfoui mes rêves

La poésie ça n'existe pas
Surtout pas l'inventer
Dire le monde dire les fleurs
Égosiller le monde
Y'a les oiseaux pour ça

Alors on accroche nos mots
Aux nuages dans le vent
Pour qu'ils ne parlent pas
Pour qu'ils n'existent pas
Portés vers les soleils

Et chanter à l'univers
Que la poésie
Ça n'existe pas

Accusé levez vous

Quand avez-vous fait l'amour
Pour la dernière fois
M'a demandé le policier
Vous savez que vous êtes accusé
D'aimer le monde entier
C'est grave

Quand avez-vous aidé votre enfant à marcher
Pour la première fois
M'a demandé le policier
Vous savez que vous êtes accusé
Du premier pas de l'humanité
C'est grave

Quand avez-vous donné des graines à l'oiseau
Pour la dernière fois en hiver
M'a demandé le policier
Vous savez que vous êtes accusé
D'envol à main armée

Quand êtes-vous mort de rire
Cent fois ni loi
M'a demandé le policier
Vous savez que vous êtes accusé
D'humour à gorge déployée

Quand dormirez-vous au cimetière
Sans fleurs à votre épitaphe
M'a demandé le policier
Vous savez que vous êtes condamné
A perpète et à l'éternité

Le vrai voyage

Ça se passe au bout du monde
On est arrivé au bout de ce monde
Ça se passe au bout de la rue
Ou vivent ces mondes d'inconnus

Cette rue c'est mon monde
Et je n'en connais rien
Rien d'autre que le centre
Dont je suis président

Ça se passe au bout de la Terre
Ils ont crié famine on a creusé misère
Ça se passe au bout des si près
On a creusé les tombes du petit cimetière

Cette rue n'est peuplée que d'impasses
Dont les priorités sont toutes à droite
Chaque matin j'achète le pain en avion
Comme la lune au bout du monde

Pourtant ce n'est pas le bout du monde
De parcourir la vie à pied
Pourtant ce n'est pas long une rue
Dire bonjour dire je t'aime à la lune

En regardant par la fenêtre de ma rue
J'ai vu que le vrai voyage
Ce n'était pas le bout du monde
Mais l'aimer d'un œil nouveau

Clean nique

Elle ouvre la fenêtre
Danse l'espagnolette
Ses dents jouent des claquettes
La nuit se broie le noir
Dans le silence de lune
Une larme puis une autre
Elle pleure

Elle a fait de son mieux
Elle a fait davantage
Pour l'enfant le vieillard
Recousu les hasards
Souri sur lits de mort
Les âmes qui s'envolent
Elle pleure

On lui avait promis
D'asseoir sa dignité
Elle qui toujours debout
Arpente sa blouse blanche
Ce soir elle se sent seule
N'entend plus les regards
Elle pleure

Elle épouse la nuit
Sans lumières sans étoiles
Elle croit entendre un doigt
Qui remue les minuits
Mais ni paumes ni mains
Pour applaudir chagrin
Elle meurt

EN VIE D'EN FAIRE

Tant qu'on est en vie
On n'est pas en enfer
Tant qu'on peut en faire
On reste en vie
Même à terre
Les quatre enfers en l'air
Faut pas s'en faire
Faut rester fier

On trouve toujours
Sous le pied d'un cheval
Un fer porte bonheur
Y'a rien à faire
Dans la vie faut pas s'enfer
L'enfer c'est pas les autres
La vie c'est pas le pot de Terre
Contre le pot d'Enfer

La vie c'est la vie

PAS UNE ENVIE D'ENFER

Faudra-t-il ?

Faudra-t-il un jour se revoir
Pour se raconter nos histoires
Regarder nos visages vieillis
Qui ne font rire que nos miroirs

Le temps aura t il fait son nid
Dans quelques trous de nos mémoires
Et le blanc de nos yeux hagards
Tressé nos cheveux d'avant âge

Les lendemains ça fait du bien
Et les futurs ça nous rassure
Je reconnais à travers toi
Tous mes secrets tous mes combats.

Faudra-t-il un jour se le dire
A douce voix dans nos sourires
Que nos cœurs ont pris les chemins
Bordés de ronces et de chagrin.

Faudra-t-il que je te raconte
Les douleurs de ce monde immonde
Quand le temps se met aux nuages
Et la brume jamais ne s'estompe

Les lendemains ça fait du bien
Et les futurs pansent les blessures
Je reconnais à travers toi
Tous mes secrets tous mes combats

Pourrons-nous un jour oublier
Qu'il n'est jamais rien arrivé
Que passer d'hiver en été
C'est au printemps de décider

Faudra-t-il un autre univers
Pour nous regarder dans les yeux
Pour nous toucher à pleine peau
Nous embrasser à qui mieux mieux

Les lendemains feront du bien
Et les futurs de bon augure
Je reconnais à travers toi
L'un contre l'autre tous nos ébats.

Les milliardaires

Heureusement il y a tous ces milliardaires
Pour nous donner des p'tits boulots
Pour épargner notre bonheur
Avec un sou nous rendre saoul

Les milliardaires sont des cas d'or
Qui nous empruntent nos misères
Pour des milliards d'ères

Heureusement il y a tous ces milliardaires
Pour connaitre le prix de nos vies
Ils nous payent en monnaie de singe
Ils s'offrent l'oubli de nos mémoires
Vouloir contre pouvoir d'achat

Les milliardaires sont des cas d'or
Qui nous empruntent nos salaires
Pour des milliards d'ères

Heureusement il y a tous ces milliardaires
Pour nous vendre nos joies nos peines
Ils sont à peine quelques centaines
Nous des millions de tirelires
Plus riches que l'or de leurs coffres

Les milliardaires sont des cas d'or
Ils nous empruntent nos salaires
Pour des milliards d'ères

Il faudra

Il faudra oublier l'histoire de nos mémoires
Pour écrire celle de nos espoirs
Sur des poésies dérisoires
Il faudra recommencer surtout pas recommencer
Inventer des milliers de rêves
Qu'on ne pourra que rêver

Il faudra apprendre à aimer sans s'aimer
Et se greffer un nouveau cœur
Sans qu'il batte de peur
C'est fou ce qu'il faudra
On a déjà raté l'essence
Raté les extraits de naissance
De nos enfants
Il faut se taire quand on ne sait rien

Il faudra qu'ils oublient l'histoire de leurs parents
Pour écrire celles des déserts
Et des miroirs de leurs visages dans le sable
Il faudra qu'ils se déshabillent
Se vêtissent d'une nudité
Dans les chaleurs des étés

Il faudra qu'ils se regardent
Trouver le courage des autres
Dans l'espace des solitudes
C'est fou ce qu'il leur faudra
Il leur faudra tant de courage
Apprendre à ne jamais comprendre
Que les parents de leurs rêves
Ont trop dit je ne savais pas

CHEMIN DE FAIRE

Il y a tant à faire
Peindre tes yeux en bleu
Toi qui as tant sous faire
Il y a tant à faire
Arrondir le monde
Qui meurt de plane y sphère

Il y a tant à faire
Revenir de l'en faire
Pétrifié par le faire
Il y a tant à faire
Parler avec la Terre
Sans jamais la faire taire

Il y a tant à faire
Allumer tes feux verts
Comme pour faire un voeu
Il y a tant à faire
Faire rire les enfants
En cris taire leurs silences

Il y a tant à faire
Tous les hommes d'affaires
Ne savent que tarifs faire
Il y a tant à faire
C'est bien l'homme à tout faire
Qu'il faut pour tout refaire

La route

La route est droite
J'y marche de zig en zag
Pourtant la route est droite
Je ne suis pas fait
Pour suivre les saisons
Pour suivre la raison

J'ai tiré un bout de chemin
Glissé les feuilles sous mes pieds
Ça mène à tout, ça fait du bien

La route est plate
Le goudron colle au pied
Pourtant la route est plate
Je ne suis pas fait
Pour tatouer notre amour
Sur le bitume

J'ai tiré un bout de chemin
Glissé de la boue sous mes pieds
Ça mène à tout, ça fait du bien

La route va trop vite
Le temps est trop rapide
Pourtant la route va trop vite
Je ne suis pas fait
Pour vieillir si vite
Dans le fossé

J'ai tiré un bout de chemin
Glissé des branches sous mes pieds
Ça mène à tout, ça fait du bien

La route ne mène nulle part
Ma boussole le hasard
Pourtant elle ne mène nulle part

Je ne suis pas fait
Pour me perdre
Dans le noir

J'ai tiré un bout de chemin
Glissé le ruisseau sous mes pieds
Ça mène à tout, ça fait du bien

Le chemin de Jeanne

C'étaient deux « se tiennent la main »
Qui parcouraient la liberté
Lui « qui s'rase plus la vie »
Et elle qui la chantait

C'étaient deux « ventriloques du cœur »
Rendre la parole à l'amour
Lui qui « s'tait pour rien dire »
Et elle chantait ses silences

Le chemin qui mène à l'endroit
Est long quand il n'est que sentier
Les pas de ces deux là
Caressent le temps, caressent le temps

C'étaient deux « pleurent qui s'cachent »
Qui cultivaient l'intimité
Lui « qui boit une larme »
Et elle boit ses soifs

C'étaient deux qui « n'étaient qu'deux »
Comme les mains et ses dix doigts
Lui « qui prenait pas d'gants »
Elle qui n'avait plus froid

Le chemin qui mène à l'envers
Est loin et l'on si perd
Les pas se ces deux là
Le tricotent à l'endroit

À Flo et Serge

Le chemin

Je t'ai suivi en chemin
La banane sur mon visage
Glissait sur ta peau de velours
Tu me tenais par la main
C'est doux la pogne d'un gamin
Ça connait déjà tout des destins

J'ai fermé les yeux
Je n'avais plus besoin de couleurs
J'entendais le clapotis de l'eau
Celui du courant des rivières
Quelques gouttes sur mon visage
Pour arroser ma banane

Je t'ai suivi en silence
Toi qui portais dans tes outres
La vie la beauté les futurs
Ta route devenait mienne
Sur le bord le violet des hysopes
Des drapeaux aux couleurs du vent

J'ai murmuré ton nom Gatien
Le petit homme qui dansait
Mon cœur riait de te regarder
Faire tes pirouettes à la volée
Je crois que j'ai pu respirer
J'ai bu j'ai bu à me noyer

Tu m'as laissé dans cet endroit
Je sais qu'ils allaient me rejoindre
Là où tout recommencerait
Tu m'as laissé une vie à boire
Souris en banane d'espoir
Et puis glissé dans le miroir

« Le premier jour des pains sans levain, où l'on sacrifiait l'agneau pascal, les
disciples de Jésus lui dirent : « Où veux-tu que nous allions te préparer le repas de la
Pâque ? »
Il envoya deux de ses disciples et leur dit : « Allez à la ville. Vous rencontrerez un
homme qui porte une cruche d'eau : suivez-le.
Là où il entrera, dites au propriétaire de la maison : 'Le maître dit : Où est la salle
où je mangerai la Pâque avec mes disciples ? »

Le créateur

Il fabriquait des chants d'oiseaux
Avec des plumes et des appeaux
A tire d'aile de sa vie
Il chantait à tire-larigot

Il fabriquait sa liberté
Avec des brins d'instants fragiles
L'oiseau c'est l'âme des vivants
A travers ciel s'envoler

Dans ces cabanes de moineaux
Il nous annonçait le printemps
Le soleil dans ses yeux
Pourtant restait lointain

De la prison de ses dix doigts
Il s'évadait alors un peu
Nous offrant des bouquets de plumes
Aux couleurs des douceurs de lune

Il fabriquait des chants d'oiseaux
Il leur sifflait des trémolos
Ceux qu'on garde au fond de sa gorge
Ceux de la couleur du rouge-gorge

A Marc

Le Montagnard

Le montagnard a éteint son étoile
Coupé court les cinq branches
Pour un dernier feu d'été
Les colchiques étaient si mauves
A respirer

Le montagnard a regardé la plaine
Les villes sans réverbères
Plus une seule lueur qui brille
L'espoir éteint dans les yeux
De leurs prunelles

Le montagnard a refermé sa porte
Jeté les gonds dans l'âtre
Entendre une dernière fois
Grincer le loquet sans clé
Craquer le bois

Le montagnard s'est alors éloigné
Et son dernier sanglot
Le chalet l'a esquivé
Dans une fumée dans le ciel
Esquisse d'adieu

Le montagnard a regardé la crête
Un monde à reculons
Un monde qui pense en non-dits
Un monde qui parle en oui dire
Chut la chute

Le montagnard a caché sous la neige
Ses rêves des hivers
Les figer d'éternité
Geler la réalité
Glacer le temps

Le montagnard n'est jamais revenu
Personne n'ira plus
Sous les rochers du chalet
Un monde inconnu
Disparu

Naissance d'une île

Pointe de Penerf le brouillard
Jetait ses embruns dans la nuit
Les algues épousaient les rochers
En noces blanches

La petite mer se retirait
De guerre lasse en marée basse
J' m'en vais ramasser sur la plage
Les baisers volés

Le Morbihan et ses marais
Enlisent mon esprit de brume
Je récolte les amours perdus
Et les cœurs déçus

J'en fais des châteaux de sable
Que la mer va tout emporter
Au large de la Tour des anglais
Vers d'autres étés

Mes pas crissent de coquillages
Où s'échouent les couleurs de la vie
Dans un collier de fiançailles
J'ai marié la mer

Pointe de Penerf comme l'écume
Parfumait minuit d'amertume
Nous nous sommes noyés sous la lune
Aimés sur la dune

Un petit récif a vu jour
Perdu dans un banc de coton
Il berce mes rêves de vapeurs
 Quand Houat s'évapore sous la lune

Aux Catpat

Ne prends pas froid
C'est dans nos cœurs
Tout doucement
Que l'hiver fond de joie
Surtout ne prends pas froid
Prends pas froid
A force regards
A sceller nos visages
Pas à pas
Perds pas courage
Prends pas froid
Quand tu t'en vas
Retourne toi pas

Un froid de vers laine
C'est le vent
Qui dit des je t'aime
La voix du cœur
Qui se tait
Prends pas froid, prends pas froid
A tes gants de je t'aime
Tes doigts gèlent d'onglée
Ne prends pas froid
Car Chaque jour
Un cœur se lève
Dans l'au delà des rêves
La bise sur ta joue
Brise les flocons
Des étoiles des toujours
En bonhomme de neige

Mets tes chaussons tes chaussettes
Et suis la saison d'ivresse

Quand au silence du feu
Le froid se fond en caresse
Prends pas froid devient pas vieux
Reste moi un peu
Mets tes chaussons tes chaussettes
Et suis la saison d'ivresse
Quand au silence du feu
Le froid fond de tes caresses
Prends pas froid devient pas vieux
Reste encore un peu pour nous deux

Doucement dans les oublis
Du temps qui nous réunit
Quand demain ton chemin vole
Je prends froid quand tu 'envoles
Vers d'autres libertés de vie
Où tu trouveras l'infini
Où tu trouveras le bonheur
Où tu retrouveras un cœur
Si grand que pour toi se meurt
Prends pas froid t'as passé l'heure
L'été réchauffe les hivers
En paillettes de rayons
Et fait fondre les glaçons

Non, ne prends pas froid
C'est dans nos cœurs frissonnants
Que notre amour fond de joie
Surtout ne prends pas froid
Prends pas froid, pas froid

L'étudiante et Mr Henri
Musique de Laurent Aknin

Ma chanson

J'ai mis ma chanson en prison
Pour que jamais elle ne s'envole
Dans le temps
Les paroles se sont évadées
Chuchotées un soir en silence
Dans le vent
Elles ont murmuré leur musique
Mais les gardiens n'étaient armés
Que de rêves

Un chant libéré sur paroles
De l'eau qui coule à mon moulin
Gaie à gué
J'ai longé les berges en aval
Sous mélodie de clapotis
Ricochet
Au crépuscule j'ai réuni
Musique paroles en ritournelle
Un refrain

Je lui ai demandé pardon
Un poème c'est une peine de cœur
Pas de mort
On ne casse pas de notes au bagne
Ni blanches ni noires ni doubles pioches
A la mine

Un gospel en remise de peine
Ma chanson en non-lieu au ciel
S'est enfuie

Le Caire musique de Sofiane Pamart

Quand au timbre de ta voix cassée je recherche encore en toi qui je suis
Si tes plus tristes chagrins te laissent muette d'infini
Je soigne les lézardes sur les cuirasses de ma vie
Quand l'espace des virgules de tous tes silences
Embrasse les murmures que le vent me danse

L'empreinte agile de tes dix doigts se perd en dièse sur ces huit notes
Qui colorent de blanc et de noir la quiétude de la loi du silence

Quand ton piano en solfège délavé de toutes ses mesures
Dans son chant murmure à laver toutes mes blessures

Tu égosilles en moi le muet du souffle tout au bord de mes lèvres
Tu me prends mes sourires pour en imaginer tes rêves
L'image de tes yeux qui peint sur le clavier mes pleurs
Parsemant en pluie d'étoiles dans l'univers des mille et une nuit des bonheurs
Et reviennent pour toujours greffer dans les passés les infinis d'hier
Les infinis d'hier
Infinis d'hier

C'est comme la danse des pieds nus sur le sable chaud des déserts
Sans bruit tu t'élèves sans plus toucher le sol
L'accordeur de piano t'emporte sur quelque note juste
Immortelle quand elle vient se blottir au fond
Tout au fond de mes tympans et guide mes tons

La mélodie de tes chansons me rappelle enfin qui je suis
Un air qui scellera mon destin en écho de ton cœur
Un battement en arpège en douceur qui rythme ses bémols
Un cri dans la douceur qui signifie « je t'aime »

Tu égosilles en moi le muet du souffle tout au bord de mes lèvres
Tu me prends mes sourires pour en imaginer tes rêves
L'image de tes yeux qui peint sur le clavier mes pleurs
Parsemant en pluie d'étoiles dans l'univers des mille et une nuit des bonheurs
Et reviennent pour toujours greffer dans les passés les infinis d'hier
Les infinis d'hier
Infinis d'hier

Pourquoi encore parler du temps quand les rêves te hantent si fort mon amour
Qu'avec les songes marient tes jours noirs et mes nuits blanches mon amour
Un cri dans la douleur une note joyeuse qu'explosent mes tympans
La plainte du bonheur en orgasme charmant

« Quand vous serez bien vieille le soir à la chandelle... «

Je me suis éteinte sous la lueur du soir
A force sans doute de ne pas grand-y-voir
Le souffle du temps dans le souffle du vent
Ma flamme vacillant de ses ombres tremblantes

Tant d'années à éclairer le monde
Tant de nuit à briller
Comme un phare de cire alertant l'horizon

Pourtant j'étais vaillante les enfants m'adoraient
Je voyais dans leurs yeux briller comme une étoile
Ils aimaient mon parfum distiller les envies
Et des premiers amours leur tenir la chandelle

Tant d'années à fondre sans un sanglot
Tant de nuit de gaieté
Comme une danseuse folle scintillant sur ses pointes

Je me retrouve seule isolée dans le noir
Je ne veux pas mourir et surtout rester froide
Je peux encore servir à chauffer les regards
Rester de mèche encore aux amours éternels

Tant d'années à réchauffer les cœurs
Tant de nuit à veiller
Comme le cierge de jonc veille sur nos mémoires

Serrer

Serrer, serrer les dents
Croquer l'amour à chaque dent
Mais serrer, serrer les dents
Mourir d'amour la lèvre au vent

Serrer, serrer les poings
Casser l'anneau à chaque doigt
Mais serrer, serrer les poings
Ouvrir la main dans un chagrin

Serrer, serrer la ceinture
Se mettre à cran tous les honneurs
Mais serrer, un cran de ceinture
Garder l'envie quand on a faim

Serrer, serrer les fesses
Avoir peur à chaque seconde
Mais serrer, serrer les fesses
Trouver le courage dans la peur

Et puis oser, oser
Serrer la pince au p'tit bonheur
Et enfin oser, oser
Laisser serrer ça pince le cœur

Ici

Si près de rien
Si loin de tout
Si presque rien
Si tant rien que presque n'est plus rien
Si tant plus ne vaudrait plus rien
Tout ou rien je ne prends rien

Quand rien ne prend son envol
Quand rien ne s'éloigne sans aller loin
Quand tout me rapproche jusqu'à la fin du loin
Quand tout près du plus près possible
Quand je crois être arrivé
Alors, alors je n'ai fait que passer

Et vous aimer

Sous venir

Je me suis enfui dans le temps
Poursuivi par l'âge et mes dents
J'ai couru comme pour échapper
Aux fines dentelles du vent

Je me suis retourné souvent
De peur de voir mes vingt ans
Me voler tous mes souvenirs
Ma mémoire s'est envolée

Puis j'ai regardé droit devant
Les regrets c'est comme les nuages
Il faut apprendre à les pleuvoir
Sans pourtant en pleurer les gouttes

Je suis juste un vieillard hors d'âge
J'écrase les graines de demain
Dans le sablier des matins
En fines gouttes de rosée

Je sais demain se rétrécie
Mais l'espace de notre amour
Ouvre les yeux à nos beaux jours
Tout doucement en lents demains

© 2021, Jabaudon, Jean-François
Edition : Books on Demand,
12/14 rond-Point des Champs-Elysées, 75008 Paris
Impression : BoD - Books on Demand, Norderstedt, Allemagne
ISBN : 9782810612949
Dépôt légal : mars 2021

FSC
www.fsc.org
MIXTE
Papier issu
de sources
responsables
Paper from
responsible sources
FSC® C105338